Colores
para comer

Agrupemos alimentos

Patricia Whitehouse

Traducción de Patricia Cano

Heinemann Library
Chicago, Illinois

Designed by Sue Emerson, Heinemann Library
Printed and bound in U.S.A. by Lake Book

06 05 04 03 02
10 9 8 7 6 5 4 3 2 1

Library of Congress Cataloging-in-Publication Data
Whitehouse, Patricia, 1958-
  [Sorting foods. Spanish]
  Agrupemos alimentos / Patricia Whitehouse.
      p. cm.—(Colores para comer)
Includes index.
Summary: Introduces the concept of sorting using colorful foods.
  ISBN 1-58810-793-0 (HC) 1-58810-840-6 (Pbk.)
  1. Food——Juvenile literature. [1. Color of food. 2. Spanish language
materials.] I. Title. II. Series: Whitehouse, Patricia,1958- Colors we eat. Spanish.
TX355. W4818 2002
641.3—dc21

                    2001051512

Acknowledgments
The author and publishers are grateful to the following for permission to reproduce copyright material:
pp. 3, 6, 7, 20, 21 Eric Anderson/Visuals Unlimited; pp. 4, 5, 8, 9, 10, 11, 12, 13, 14, 15, 16, 17, 22 Michael Brosilow/Heinemann Library; pp. 18, 19 Greg Beck/Fraser Photos

Cover photograph by Michael Brosilow/Heinemann Library

Every effort has been made to contact copyright holders of any material reproduced in this book. Any omissions will be rectified in subsequent printings if notice is given to the publisher.

Special thanks to our bilingual advisory panel for their help in the preparation of this book:

Aurora García
Literacy Specialist
Northside Independent School District
San Antonio, TX

Argentina Palacios
Docent
Bronx Zoo
New York, NY

Ursula Sexton
Researcher, WestEd
San Ramon, CA

Laura Tapia
Reading Specialist
Emiliano Zapata Academy
Chicago, IL

Unas palabras están en negrita, **así.**
Las encontrarás en el glosario en fotos de la página 23.

¿Qué no va aquí?

En estas fotos de alimentos, algo no cuadra.

Unos alimentos no deben estar en la foto.

¿Qué no va aquí?

Aquí hay alimentos amarillos, pero algo no cuadra.

¿Cuál de estos alimentos no va aquí?

El **kiwi** verde no va aquí.

¿Qué no va aquí?

Aquí hay alimentos verdes,
pero algo no cuadra.

¿Cuál de estos alimentos no
va aquí?

El tomate rojo no va aquí.

¿Qué no va aquí?

Aquí hay alimentos rojos,
pero algo no cuadra.

¿Cuál de estos alimentos no
va aquí?

La leche blanca no va aquí.

¿Qué no va aquí?

Aquí hay un desayuno blanco, pero algo no cuadra.

¿Cuál de estos alimentos no va aquí?

La sopa roja no va aquí.

¿Qué no va aquí?

Aquí hay un almuerzo rojo, pero algo no cuadra.

¿Cuál de estos alimentos no va aquí?

La **piña** amarilla no va aquí.

¿Qué no va aquí?

Aquí hay una cena amarilla, pero algo no cuadra.

¿Cuál de estos alimentos no va aquí?

La lechuga verde grande no va aquí.

¿Qué no va aquí?

Aquí hay alimentos grandes,
pero algo no cuadra.

¿Cuál de estos alimentos no
va aquí?

Los frijoles rojos pequeños no van aquí.

¿Qué no va aquí?

Aquí hay alimentos pequeños, pero algo no cuadra.

¿Cuál de estos alimentos no va aquí?

El plátano amarillo grande
no va aquí.

Éstos son los alimentos que no están donde deben ir.

¡Estos alimentos tan ricos sí
van aquí!

¿Qué va aquí?

¿Qué debe ir en la cesta roja?

¿Qué debe ir en la cesta verde?

Busca las respuestas en la página 24.

Glosario en fotos

kiwi
página 5

piña
página 13

Nota a padres y maestros

Este libro permite a los niños clasificar objetos que tienen una característica común: una destreza matemática básica. Cuando lean juntos *Agrupemos alimentos,* cubra las fotos de la página de la derecha. Pida a los niños que identifiquen los colores de todos los alimentos de la página de la izquierda y que predigan cuál es diferente. Destape la página de la derecha para ver si acertaron. También puede jugar un juego de clasificación. Ponga en una mesa una fila de objetos del mismo color, como calcetines, bloques o juguetes. Ponga uno o dos objetos de otro color al azar en la fila. Pida que identifiquen los objetos iguales y los objetos diferentes. ¿Cuál es la diferencia? (Todos estos bloques son verdes, pero éstos son rojos). Después proponga que los niños formen un grupo de objetos para que usted los clasifique de acuerdo a una característica, como color o forma.

Índice

Respuestas de la página 22

Las coles rojas, los pimientos rojos, las granadas, las frambuesas, las cebollas rojas, las fresas y los rábanos van en la cesta roja.

Los calabacines, las manzanas verdes, las coles verdes, los pimientos verdes, las peras, el aguacate y el brécol van en la cesta verde.